A Los Cuatro Vientos

Violeta Ledo

NEWMAN SPRINGS PUBLISHING
320 Broad Street
Red Bank, NJ 07701

Primera publicación original de Newman Springs Publishing 2024

ISBN 979-8-88763-622-1 (Versión Impresa)
ISBN 979-8-88763-623-8 (Versión Electrónica)

Libro impreso en Los Estados Unidos de América

Índice

10/19/18 Fort Lee, NJ

Cuando me besas
me faltan las fuerzas,
me fallan las piernas,
todo se detiene,

los labios me tiemblan,
las manos me sudan,
no sé que me pasa.
parece que el mundo se fuera a acabar,

Quisiera que nunca me dejaras de besar.
No importa ya nada,
no puedo pensar,
apretada contra tu pecho
siento solo tu palpitar,

la respiración se agita y
mis labios sedientos
quisieran que los tuyos, nunca en la vida,
tus labios tan sabios me dejaran de besar.

Mi boca se abrió, cedió ante tanta pasión
y solo sentí que el mundo giraba,
que todo brillaba a mi alrededor.

¡Qué momento tan bello cuando
me besastes por primera vez!

¡Ah! La vida

¡Ah! La vida,
la vida es tan hermosa,
trae lágrimas y risas,
tiene familiares y amigos,
tiene grandes amores
y también trae olvido.

La vida está llena de
rosas, margaritas, girasoles,
la vida está llena de flores,
de odios y rencores.

¡Ah! La vida,
se nace y se muere,
se baila y se goza.

Se contempla una puesta de sol,
se corre a la par de la luna,
se escribe el nombre de un hombre
en la arena
para que el agua se lo lleve.

O se tallan en el tronco de un árbol
tu nombre y el de él
rodeados por un corazón
para que todos sepan
que la mayor razón de vivir
es el amor,
que el amor es el origen
del Universo.

Sin palabras

June 2nd, 2016-New York

Los enamorados
no necesitan hablar,
saben, por sus miradas,
cuando se quieren besar.

Los enamorados
caminan cogidos de mano,
o se rozan los dedos,
mientras caminan por el prado.

Se rozan los cabellos,
se tocan los pies con los zapatos puestos
y las medias al revés.

No hay palabra
que pueda expresar
lo que los enamorados sienten
al rozarse la piel.

Beben de un mismo vaso,
caminan sin pisar,
los enamorados siempre sienten
que quieren juntos volar.

Te adivino noche a noche
escuchando tu voz,
emitiendo un suspiro,
y tiemblan mis labios
al pensar que eres mío.

Te presiento quedo,
pegado a mi oído,
repitiendo palabras
que no tienen sentido.

Sé cómo eres,
lo adivino en cada palabra,
en cada respiro,
en silencio te llaman
mi alma y mis cinco sentidos.

Que importa que no te haya visto,
has rozado mi cuerpo
con palabras bonitas,
con un hondo suspiro,
has tardado en llenar el vacío
que dejó un amor no correspondido.
Has tardado,
pero al fin has venido.

Más hoy que te pierdo,
no somos uno, sino dos.
Recuerdo aquella noche mágica,
que como magia terminó.

Aquella noche de música,
de coqueteo, risas y candor
será siempre inolvidable, tal vez para uno,
si no, para los dos.

Y te llevas contigo,
cuántas cosas, mi amor,
cosas muertas
que tu amor resucitó.

Pero llegado el momento,
cuando debo ser fuerte
y no mirar hacia atrás,
cuesta mirar al futuro
sabiendo que ya no estás.

Yo te añoro, así como eres,
tan guapo y tan feo a la vez.
Te anhelo con los cinco sentidos,
con mi alma y con mi piel.

En mi cama perfumada,
embriagada de sol y de vino,
adivino tu cara,
tus ojos en los míos.

Mi alma te sueña en la penumbra
de mi alcoba
y mis labios adivinan
de los tuyos el sabor.

Espero a que llegue ese día
en que te diga, quedo al oído,
cuánto te he esperado,
cuánto te he soñado
al contacto de unas sábanas frías.

Cuánto, cuánto, cuánto
te he añorado
desde aquel, nuestro primer encuentro.

Ese tú, tan dulce y sereno,
ese ir de pronto a mi encuentro,
ese arropar todos mis sentimientos,
queriendo silenciar el reloj,
detener el tiempo.

Fueron pasando las horas
como dos enamorados
que no las quieren sentir,
llegó la partida,
un beso a flor de labios
y la tibieza de tus manos.

Te vi partir, gentil,
tal como habías llegado,
diciendo adiós
estrechando manos.

Y yo quedé como en sueños,
como en cuentos de hadas,
prendada de un príncipe
que me había hechizado.

Aún despierta floto entre nubes,
sueño con sus labios
que no conocí,
su pelo, su sonrisa,
con esos ojos,
que aún abiertos,
no sé si me miran a mí.

Me gusta la dulzura
que pones a tus palabras
al decir una mentira,
una mentira de nada,
pues, no me importa tu pasado.

Prefiero vivir en el tiempo
contando los minutos
para ir de nuevo a tu encuentro.

Cuántas veces en mi cama,
los ojos abiertos,
pero perdida la mirada,
sentí tu cuerpo junto al mío,
resbalando tus manos por mis vacíos.

Cuántas noches de invierno
añoré tu respiración
abrazando mis grietas,
llenándolas de saliva y sudor.

Hoy ya no duermo en mi cama,
y cierro mis ojos para no pensar
en sueños absurdos
que no se harán realidad.

Mis vacíos son mis vacíos,
y mis grietas, grietas son,
no las moja ya el rocío de tu sudor.

Sigo con la mirada perdida
en un mundo de esplendor,
lleno de noches cálidas,
interminables.
Nuestras noches de amor
son solo producto de mi imaginación.

No comprendo lo que siento
al verte partir así,
de repente, sin temores,
en busca de otro querer.

Te he notado tan nervioso,
no te quiero retener,
estoy sin fuerzas,
estoy sin bríos
para una lucha emprender.

Me doy por vencida,
vete ya con tu mujer
y no vuelvas, te lo pido,
a buscarme otra vez.

Ya no te puedo querer,
es el alma, es el frío,
es tu ausencia,
he perdido y cuesta reconocer
que, después de habernos querido,
hoy te vayas para nunca más volver.

Pero te quiero locamente,
sigo siendo "tu mujer",
te contemplo a escondidas,
me abrazo a tu almohada
tantas noches, tantas horas,
te extraño y sé por qué.

Si me cruzas por el lado,
ni me mires ni me hables,
no recuerdes el pasado,
todo, todo está olvidado.

Si te roza mi perfume al pasar,
no te vuelvas a pensar,
no te detengas a recordar
si es un perfume nuevo
o uno que alguien
me quiso obsequiar.

Si me cruzas por la esquina
por donde pasas y yo paso,
no menciones ni mi nombre,
ni recuerdes lo vivido,
tú ya tienes otra, pero
en mi vida no hay, aún, otro hombre.

Y hoy que todo está enterrado
en las tierras del ayer,
no te rozo con mi aliento,
no recuerdo nuestro ayer.

En silencio te clamo
en noches de Luna,
en noches de frío,
en el silencio abrumador
de mi alcoba
las sábanas frías saben
que te sueño
aún sin haberte visto.

El eco de tu voz
acariciando mi oído,
la penumbra de la alcoba
enardeciendo mis sentidos,
te presiento, te conozco,
sé cómo eres
aunque no te haya visto,
y ansío que seas mío.

Una tarde de verano
prendada quedé
de tu voz inconfundible,
de tu acento amoroso
y así me enamoré.

Y ahora que estoy sola
recuerdo, recuerdo cosas,
estuviste en mi lecho,
me sentí como una rosa.

Yo era delicada, frágil en tu pecho,
candorosa y ardiente en tu boca,
fue nuestro fuego ardiente,
tan ardiente cual leña de choza.

Y hoy te veo sonriente,
tal cual eres al desnudo,
no eres más que un muchacho
caprichoso
que apostó verme sin rumbo.

Has ganado la partida
muchachito de ojos negros,
estuve asida a tu pecho
y estoy, otra vez, sola en mi lecho.

Yo te siento
en el ir y venir del viento,
siento tus dedos
entrelazando los míos.

Te siento en el olor de las flores, en las cenizas
que se lleva el viento.

Te siento
en los rayos
que calientan mi corazón.

De día siento tu aliento
rozando mis mejillas,
de noche siento
el calor de tu cuerpo
cuando, recostados en la cama,
me llamabas amor.

Y aunque hoy digas
que soy tu amiga,
nunca olvidarás mi nombre,
porque el primer amor
nunca se olvida y
yo fui tu primer amor.

Los años

Nunca sabrá cómo le quise,
porque él no me quiso igual.
Le amé sin distancias,
sin barreras,
dispuesta a darle mi vida
si mi vida me pidiera.

Hoy vi su retrato,
qué dedicatoria:
"Wish our love will be an eternal one",
pero el amor duró poco,
más ha durado el retrato.

Tal vez nunca nadie sepa
que lo amé con locura
que nunca le mentí

Quizás él nunca escuche
de mis labios un suspiro,
ni jamás llegué a saber
cuántas noches de mi vida
me acosté pensando en él.

Los años no pasan en vano, veinte ya,
pero a pesar de los años,
al recordarlo
mi corazón se vuelve a enamorar.

Cuando estés silencioso
y abrumado
recordando los años que
han pasado,
inclúyeme en tus sueños,
tú sabes quién fui,
recuerdas quién soy,
fui, soy y seré
la que más te ha amado.

Eran mis años inocentes
cuando jugaba a ser mujer
sin que lo supiera la gente.

En tus brazos, muy sabios,
encontré la ternura
conque siempre había soñado.

En tus besos de adolescente
quemé mis labios
en tus labios ardientes,
y en tus manos tan sabias
abandonaba mi cuerpo
para que pasara todo
o no pasara nada.

Y como terminó un amor así,
por más que me pregunto
no logro comprender,
nosotros que nos amamos tanto
que solíamos ir cogidos de las manos
por las calles vacías,
por los parques y los campos.

Me llevabas a un mundo de ensueños,
tenías detalles,
te creías mi dueño.

Te palpaba en el viento,
te soñaba en el tiempo,
yo respiraba porque tú respirabas,
mi corazón latía,
eras todo lo que anhelaba,
nunca sabrás cuánto te amaba.

Y luego de crearme
un mundo de ensueños
te alejastes de mí,
así porque sí,
y qué de mis sueños
y nuestras noches de amor,
será que nunca me amastes
como te amé yo.

El eco me ha estremecido
¿quién lo pronunció?
No sé si es un espejismo,
un sueño
o si en realidad lo dije yo.

Me he quedado sin habla,
perpleja y nerviosa,
yo que lo quiero tanto
acabo de decirle adiós.

Se lleva mis sueños,
mi única esperanza
de ser uno, no dos.

Y él tan sereno,
me mira con asombro,
su pequeño mundo se derrumba
sin tormentas ni temblores.

Ha sido un gemido más que
un suspiro,
más que un sonido,
un adiós tan doloroso
que ni el dolor hizo ruido.

Cuando lejos queden los recuerdos
y el tiempo te haga olvidar los suspiros
comprenderás, entonces,
cuánto te he querido.

Oirás un suspiro
y te acordarás de mí,
y en el gemido del viento
oirás mi voz embriagada
decirte al oído:
"¡Te amo, te amo, amor mío!",
para el amor no hay edad.

Será la distancia,
o el correr de los días,
los que traigan a tu ventana
olor de hembra en celo.

Y querrás abrazarte
a mi sombra, a mi cuerpo,
a mis besos en noches de tempestad.

Será ya tarde para amarnos
en el tiempo,
tarde para todo,
menos para recordar.

Tal vez al encontrarnos un día
nos miremos fijamente
y, sin decir palabra,
recordaremos aquel, nuestro amor.

Y algún día, cuando estemos viejos
y nadie recuerde
que nos quisimos los dos,
quizás le cuentes a tus nietos
quién fui y quién soy.

Y seguirán pasando los años,
y el tiempo inexorable
no logrará borrar de mi mente
tus besos, tu forma de amar.

Y seguiré pensando en ti
año tras año,
como hago desde antaño.

Tengo un tesoro escondido
en un lugar muy especial
lleno de recuerdos infantiles,
de familiares, de amigos,
de mi tierra natal.

Llevo prendadas en mi pecho
las llaves de mi cofrecito,
en él conservo con decoro
mi primer beso de amor,
el beso de un militar.

El cofrecito no es valioso,
no es un cofre de verdad,
en realidad, son recuerdos
inolvidables que guardo aquí en mi pecho.

Recuerdo la patria,
el azul de sus playas,
el verdor de sus palmeras,
las raspaduras y las mercochas
de mi pueblo natal.

Recuerdo
el silbato de un barco
que promete regresar
con un marino extranjero
que dejó su corazón antes de zarpar.

Hoy volví a recordar
aquella tarde de octubre
cuando atravesé el parque,
me mirastes y me volví.

No he olvidado los puros besos,
el candor de tus labios al besar,
todo fue tan lindo, tan hermoso,
por eso no te puedo olvidar.

Hoy resuenan los quejidos
de miles de almas ansiando libertad,
¿no oyen mis quejidos? Lloro por
ellos, por ti, por mí.

Por ellos, porque han perdido
a sus seres queridos,
por mí, porque mucho te amé
y nunca te he de olvidar.

Tony

Cual gotas de lluvia
golpeando al atardecer
eran tus ojos cristalinos
como los de un niño
acabado de nacer.

Bajo la lluvia
de una tarde de otoño
palpé, con mis pupilas,
tus anchos hombros de marino.

Al pasar, nos miramos dulcemente,
nos amamos desde aquel instante,
yo de allí, tú de tan lejos,
que importaban las palabras,
si hablar no era necesario,
pues, los enamorados
se dicen todo en silencio.

Te quise dulcemente,
sin prejuicios, sin temores
y yo nunca te olvidé.

Escondo mi rostro en la almohada
ahogando un gemido,
y se escapa de mi garganta
un grito de rabia,
un grito de ganas
de apretarme en tus brazos
y cantarte al oído.

Escondiendo mi cara en la almohada,
en penumbra, te nombro
embriagada de vino.

Me abrazo a mi almohada,
le cuento, le pido
que te traiga a mi alma
para amarte con mis cinco sentidos.

Con mis cinco sentidos
te miro, te escucho,
te canto quedito.

Siento tu aroma, te palpo tu cuerpo,
te adivino,
adivino el sabor de tu boca,
de tus labios sabios
al chocar con los míos.

Con mis cinco sentidos
te espera mi alma,
te espero en mi cama
ahogando un gemido.

Emito un grito de rabia,
un grito de ganas
porque seas muy mío.

Ya es un hecho,
hace tiempo que no duermes
en mi lecho,
pero aún siguen vivos
tu cuerpo sudoroso,
tus manos ardientes.

Soñaba con volverte a ver,
y asida de tu mano,
caminar por esas calles desiertas,
mudas de tanto placer.

El sol, mudo testigo
de nuestros sueños de ayer,
ocultaba su rostro
para no vernos desfallecer.

Esperaba cada día,
asomada a mi ventana,
oliendo tus pasos,
sintiendo tu aliento,
y al verte frente a mí, creía
que eras un sueño
o un bello cuento.

¡Oh! Cuánto quisiera
entrar de lleno en tu corazón
y dejar que lo que siento
deje de estar solo
en la imaginación.

Cuántas horas de cuántos días
imagino que me estrechas
entre tus brazos, querida,
imagino que chocas
tus labios con los míos.

Y yo me entregaría
ciego de amor y deseo,
te apretaría contra mi pecho
hasta oírte decir:
"quiero que seas mío".

Imagino, por imaginar,
cómo sería una noche en tu lecho,
como deseo besarte dulcemente
y quedarme extasiado
ante tu bello cuerpo.

Imagino todo o imagino nada,
como quisiera imaginar
que, si no es hoy,
será mañana.

Se ha abierto el cielo,
se están cayendo las estrellas,
visten de gala los luceros
y el sol hace de portero.

Visten elegantemente,
ahora me doy cuenta
que las estrellas y las astros
van a asistir a una fiesta.

Y cuál sería mi sorpresa
al saber que es en mi honor.
¡¿Cómo no estaba enterada
del agasajo?! La conmoción.

Venimos a festejar
a celebrar en tu honor.

Ya supe por qué bajan
los ángeles de dos en dos,
las estrellas tienen las puntas unidas,
los astros llevan brillantes en el cinturón,
porque vienen a celebrar el nacimiento de Yoelito, mi varón.

Me he puesto contenta con tanta visita inesperada.

Ya terminó la ceremonia, quedó tan bonita,
qué linda quedó.
Se despiden las estrellas,
los ángeles, los luceros,
el último fue el Sol,
que guardó celosamente
que no quedara en la Tierra
ningún enviado del Señor.

Hace un rato se durmió mi Yoel, mi pequeño varón.

Contémplote en la noche,
cuando plácidamente duermes:
enanos, hadas y angelitos
juegan, vuelan y saltan
alrededor de tu cunita.

Tu frondosa cabellera,
tus manitas grandes
y, a la vez, pequeñas,
todo tú, mi niño, eres
lo que necesitaría la vida entera.

Tus ojos en los míos,
nos decimos "nos queremos".
¡Cómo te quiero, hijo!
Todavía no comprendes
porque eres muy pequeño.

Pero pequeño y todo, sabes,
al rozarnos las mejillas,
que para mí eres lo más puro,
lo más grande,
lo más bello del universo.

Breve

Fui como una nube
que pasa inesperadamente,
como un rayo de luz
fugaz, pero ardiente.

Fue tan breve el momento
de aquel, nuestro encuentro,
yo soñaba con tenerte,
ansiaba poseerte.

Ansiaba

Colmarte de besos y caricias,
mimarte como se mima a una niña,
prendado de tu cuerpo,
navegar mares sin rumbo,
y sin llegar a la orilla
arroparme con tu cuerpo.

Ansiaba

Alcanzarte una estrella
o entregarte un lucero,
arrullarte con una nana
mientras acaricio tu pelo.

Fue breve nuestro idilio,
fue corto el principio,
qué largo será el fin.

Y hoy reflexionando
en lo poco que duró,
recuerdo, con nostalgia,
que todo
fue producto de mi imaginación.

Acalorada y ansiosa
pasa lentamente la noche,
las gotas de lluvia golpean mi ventana
y sueño con mañana,
el día de nuestro encuentro.

Que lentos los minutos,
que silenciosos los segundos,
quiero soñarte desnudo,
tal como vinistes al mundo,
despojado de alhajas y amores,
desnudo a merced del tiempo y los rumores.

Imaginarte en la noche lluviosa,
un tronco de hombre despierto y dormido,
imaginar por un segundo
que tú, tan varonil,
tan delicado, y sutil
eres, por esta noche, mío.

Hoy por hoy nos hemos visto,
más que amantes, solo amigos
tú y yo, extraños, casi enemigos,
cosas de la vida,
caprichos del destino.

No siento tu mirada en la mía,
ni presiento el aroma de tu cuerpo,
has pasado por mi lado,
ni siquiera un suspiro
hemos cruzado.

Y hoy recuerdo aquellos días
en que era tan tuya
y tú eras tan mío.

Qué días tan lejanos,
eran fríos, había nevado,
ya llegó la primavera,
las flores, el calor,
el canto de las aves.

Si te vuelvo a ver mañana
no me digas ni adiós,
que yo miraré a los lejos
pretendiendo, intentando pensar
que por mi lado no has pasado.

Cómo será una noche

¿Cómo será una noche
en tus brazos
muchacho con tanto candor?
He soñado, muchas noches como hoy,
amanecer a tu lado
quemándome con tu calor.

Imaginándome a tu lado
rozando tu pecho
con mis labios y mi ardor,
rozándome con tus mejillas
niño lleno de pudor.

Si llego a tenerte
como te sueño yo,
calienta mi almohada
dale calor a mis sábanas blancas
que han olvidado
lo que son noches de amor.

Hoy te miro a los ojos,
recordando aquella noche
se me escapa un suspiro,
no emito ni un gemido
por temor a ser oída,
pero tú me miras
como yo te miro,
y nuestras pupilas
saben por qué suspiran.

¿Dónde andas, amor mío?
Que no sé de ti
ni escucho un suspiro.
¿Habrás partido a tierras lejanas?
¿O te has quedado dormido
en los brazos de tu amada?

Dondequiera que te encuentres
sentirás mi calor,
dondequiera que vayas
siempre irá contigo.

Ni una palabra, ni una llamada
¿Por qué tanto silencio, cariño?
Es difícil olvidarte
luego de haberte conocido.

Te espero calladamente,
solo yo sé que no miento,
espero volver a verte pronto
y no entre tanta gente.

Qué noche mágica,
solo la había escuchado
en cuentos de hadas,
donde el príncipe al besarla
la princesa se demayaba.

Hiciste tu entrada triunfal
estrechando manos aquí y allá,
yo fui la última que te vio llegar,
tardaste un poco,
tal vez para disimular.

Te vieron mis ojos tal cual eres,
achinado, trigüeño, tímido, y muy formal.

¿Por qué estás nervioso?
Nos mira tanta gente,
no me cuentes tantas cosas
así de pronto, sin respirar.

No te escucho, pero te oigo,
estoy deslumbrada con tu forma de mirar,
no sé si me miras,
no sé si te miro,
pero estoy encantada
de haberte conocido.

He soñado con tu voz
aunque nunca la había escuchado,
percibía tu olor
aun sin estar cercana.

Bailando entre tus brazos
surgió de nuevo un mundo de ilusiones,
de sentimientos escondidos.

Sintiendo el calor de tu rostro
junto al mío,
adiviné la ternura de tus labios
al rozarse con los míos.

La tibieza de tus manos,
ese querer y no querer
que se arropa en los sentidos,
parecías un hombre suave,
pero con muchos bríos.

Me gusta tu hablar sereno,
tu danzar casi sin pisar,
me gusta el calor de tu pecho
mientras me abrazas tiernamente
con respeto.

Y presiento que esta noche,
entre el licor, la lluvia y el viento,
puedo empezar otra vez...

A sentirme mujer a tu lado,
a vivir un amor apasionado,
a pegarme muy quedo de ti
para que me ames
como nunca me han amado.

La vi cabizbaja,
oculta un no sé qué,
una lágrima asomaba
también, pero no sé qué.

Llegó al amanecer
envuelta solo en piel,
cuidado no te resfríes
después de haber sido infiel.

Y si ahora la neblina la cubre toda
de la cabeza a los pies,
no la siente, no la moja,
vuela, anda en penumbra
después de haber sido infiel.

Unos dicen que fue su culpa,
otros que es pecadora,
nadie supo, nadie sabe
y nadie sabrá nada.
Si quieren saber la verdad,
fue un rumor sin base,
o un indicio de algún mal entendido
sobre algún tema entredicho.

¿Quién lo sabe? Ni yo misma.
Pregunté al portero,
también a Jacinta,
mi vecina de enfrente,
que todo lo averigua.

Razones no me dio,
dijo: "yo no vi nada",
cosa muy extraña en ella
que lo sabe todo
y no se calla nada.

Indagué por otros medios,
nadie quiso hablar,
es un tema delicado
eso de al marido engañar.

Desconcierto

Alguna noche he sentido
un rostro junto al mío.
Respira pausadamente
temeroso a ser oído.

Mira y mira con recelo,
en mi cara siento un suspiro.
¿Quién eres hermoso desconocido?
¿Qué temes, qué ocultas?
¿A qué has venido?

No quieres ser descubierto
en el lecho de una viva,
si andas vagando perdido,
¿por qué temes a ser visto?

Cada noche de muchos años
te acuestas junto a mi pecho,
rozas mis mejillas con tus cabellos,
me miras, no me hablas, no despierto.

Despertar quisiera,
despierta, pero dormida,
decirte al oído:
"amarme en silencio es tonto,
cosa de niños,
muestra tu rostro, habla,
dime de dónde has venido".

Un solo beso me has dado
una noche de aguaceros
y no he abierto mis labios
para no perder tu beso,
caballero de mil caminos.

Nubes

Nubes densas, agotadas
de ser grises, de ser blancas
son semejantes, en el color,
al algodón,
pero a diferencia son huecas, no
son secas, pero te pueden mojar.

Una nube se desliza
pronta a descargar
tanta agua acumulada,
la sequía ha de acabar.

La nube corre, se apresura,
no quiere tardar,
porque el rocío de la noche
se le quiere adelantar.

Ha corrido ya tanto,
solo quiere descansar,
el agua se va escapando,
gota a gota, sin parar.

Las gotas llegan al suelo
sin rozar ni una flor, ni una hoja,
no rozan ni el viento.

Porque han descubierto
que las lágrimas de una infeliz enamorada
cayeron antes de llover.

Rocearon las flores,
mojaron la tempestad,
son lágrimas adoloridas
por un sueño que no se hizo realidad.

Entre nubes me deslizo,
resbalo, caigo,
me vuelvo a erguir,
busco entre su blancura
quizás un hechizo.

Vago entre todas,
ninguna se ha apiadado
de esta alma en penumbra
que no sabe qué perdió.

Bajé rapidito
asida a una nube de algodón,
resbalo, me caigo,
me yergo, me levanto.

Así toda la vida,
resbalando, cayendo,
volviéndome a levantar.
Quien me conoce sabe
que estoy derrotada,
pero vencida no.

Mis Hijos

Ya tiene dos niños preciosos,
cada uno peculiar,
el mayor es blanco y gordo,
el pequeño, rubio, travieso
y flaco como un palillo
que se quiere quebrar.

Son sus ojos bellos,
negros como azabaches,
de color miel al lloviznar.

Los ojos del grande
parecen dos olivas
colocadas al azar.

Uno es robusto, trigueño,
pasmoso al andar,
el chiquito es veloz
como un potro al trotar.

Son bellos, hermosos,
malcriados, majaderos,
dos potros indomables
cuando empiezan a galopar.

Adiós

Una llamada inesperada
entre sueños a medio despertar,
un adiós así de repente,
una lágrima por asomar.

Así fue la despedida
de un amor sin culminar,
así como si hablaras
sin que alguien te escuchara,
así como si narraras un cuento sin final.

Me has llamado para decirme,
así sin rodeos,
que todo ha terminado,
que lo nuestro no puede continuar.
Y yo, que no me lo esperaba,
de dónde, no sé, saqué
lo que me queda de dignidad.

Supe perder sin pedir explicación,
desearte mucha suerte
sin delatar mi corazón.

Te fuiste así de pronto
sin decir ni adiós,
te vi marchar presuroso
en busca de no sé qué.

Hoy te vi partir
sin decirme ni por qué,
después de habernos querido
sin temores, sin rencores,
sin miedo a los por qué.

Entre lágrimas y risas
lloraba de tristeza,
reía no sé por qué,
aunque te hayas ido
deseo que seas feliz
lejos de mis besos,
en brazos de otro querer
que no sabe por qué lloro y río
a la vez.

Rio por la ironía
de no poderte retener,
lloro porque renunciar a ti, así de pronto,
es algo que no logro comprender.

Amor de juventud

Un amor de juventud
puro, grande, inocente.
Él era un hombre joven,
ella, una adolescente.

El amor surgió en un tren
viajando de provincia en provincia,
él cargó con sus harapos,
ella, agradecida,
le besó, con la mirada, la frente.

Ya queriéndose intensamente
el amor cegó a Cupido.
Él le pidió quedarse,
ella eligió el exilio.

Hoy, después de tantos años,
el hombre, tan hombre,
quedó atrás en la distancia,
quedó perdido en el tiempo,
pero nunca en el recuerdo.

Como ayer, hoy y mañana,
lo llevo en el corazón,
en un rinconcito apartado
donde guardo el sabor de sus besos,
mis primeros besos de amor.

Es así como lo recuerdo,
erguido, apuesto, varonil.
Su recuerdo lo guardo hace años
en un cofrecito prestado
en mi pecho, tallado en marfil.

Como símbolo de pureza,
lo recuerdo
como lo más bello que me pudo
suceder.
Su recuerdo es algo hermoso.

Era apuesto mi novio,
rubio, fuerte,
se llamaba Jesús,
el amor de mi juventud,
era muy viril en su actuar
y muy hombre al decidir.

No hablábamos casi nada,
más nos amábamos de verdad,
yo era una colegiala,
él, un endurecido militar.

Caminábamos las calles de La Habana
que, aunque no es mi ciudad natal,
ya desde pequeña
me sirvió de segunda morada.
Yo, de nacimiento, soy espirituana.

Tomados de las manos,
sin los labios despegar,
recorríamos los parques
de la gran ciudad
sintiendo solo unas pisadas;
las nuestras al caminar.

Nos buscábamos con la mirada,
con el roce de nuestras manos.
A través de un hilo telefónico
nos mirábamos desde lejos
cuando no me dejaban bajar.

Él se apostaba contra la cerca
de la estación de ferrocarril,
yo lo miraba desde lejos
desde la ventana del Alkazar
donde solía vivir.

Ideales

Lo quise sin condiciones,
sin política, sin organizaciones,
solo hablábamos de nosotros
y, al principio, pareció suficiente.

Pero no tardamos en comprender
que algo nos separaba.
Él era un fan de Fidel
y yo una "Gusana" declarada.

Y a pesar de gustarnos tanto,
de compartir un amor inocente,
tuvimos que separarnos,
alejarnos para siempre.

Me separé de la familia,
de los amigos, de la Patria,
arribé a tierra americana
con los recuerdos de mi
adolescencia y de mi infancia.
Él quedó allí, viviendo un falso sueño.
Todavía lo recuerdo.

Si hoy vinieras a mí
lleno de ternura, todo pasión,
arrepentido.

Si hoy volvieras
rogándome perdón,
sería ya tarde,
ya no hay cabida para ti
en mi corazón.

Lo dejastes palpitando
a cada grito, con cada suspiro,
ya no te reprocha,
ya no está herido.

Se ha llenado de pureza
para entregarse a otro querer,
un hombre que, si me toca, tiembla.
Si me toca se llenan sus manos
de pudor y mi alma de placer.

Ya es tarde para reclamar lo que dejó de ser tuyo.
Regresa a tu vida, a tu mundo.
Déjame vivir este bello sueño de amor.

Un mensajero apresurado
tocó a las puertas del cuartel,
trae un mensaje sellado
para el Rey.

Lo recibe con honores,
trae una carta perfumada;
es una carta de amor
que le envía su mujer.

Ya roto el sello descubre
la trágica nueva.
En tan perfumado sobre
venía un aviso, también
se le fue con otro hombre;
abandonó al Rey.

Y le avisa en su misiva
que no vuelva,
que no la busque,
porque le ha sido infiel.

El Rey, un hombre abatido,
se pasea por el cuartel,
perdió el porte elegante,
la elegancia de la realeza
es solo un hombre enamorado
que ha perdido a su mujer.

Ya no luce varonil,
perdió la calma y el valor.
De qué le valen la corona y
el trono si es un hombre engañado.

Aún recuerdo los tabiques, aquel cuarto
tan parecido al papel, se rasgaban, se quebraban
en mi infancia durante toda mi niñez.

Fui feliz a mi manera;
todo lo feliz que se puede ser
cuando no se tiene que comer.

Jugaba con "cuquitas", muñequitas que yo hacía
con una hoja de papel.
Lloré, reí, fui feliz,
viví como vivían las demás niñas
de aquel lugar, en un "castillo", un solar,
entre 17 y 19, en la calle D.

Tan lejano, tan querido,
no sé de tus pasos, ni tú de los míos,
pero te presiento en la brisa
que azota mis ventanas,
en las brasas de fuego
que dan calor a mi alma.

Te beso en sueños,
sueños hermosos de reyes y hadas,
todo es mágico y encantado
porque te he encontrado.

Todo es puro,
todo cual pétalo de rosa,
frágil, bello, perfumado.

Hoy todo tiene tu esencia
porque me has despertado
a un mundo diferente,
fuera del alcance de la gente.

Solo tu mirada y la mía
han comprendido
que nadie puede alejarnos,
solo la muerte.

Porque soy así,
así como me conocistes,
tierna y enamorada,
por ser así es porque,
despúes del paso de los años,
aún te amo.
Todavía te espero en mis sueños
y aún amo tu recuerdo.

Te quise locamente
con mis sentidos y mi mente,
porque soy así,
nunca me he olvidado de ti.
Por ser así, así como soy,
aún vivo pensando en ti.

Un carbón enardecido,
una simiente al surgir,
ha sido mi vida un suspiro,
un amanecer de flores,
pero nunca un lecho de rosas.

Un árbol recién cortado,
un montón de hojas secas,
ha sido siempre un mágico hechizo.

Hechizada he despertado
a la realidad insospechada,
me han pasado tantas cosas,
no recuerdo ni haberlas soñado.

Hoy me acuesto pensando
en el futuro. Si no me depara algo bueno,
mejor pensar en lo que he vivido.

La alcoba me recuerda
la soledad en que vivo,
falta de amor, falta de amigos,
y en la almohada sueño,
sueño que estoy contigo.

Siento tu voz apresurada
decir mil cosas sin decir nada,
miro tus ojos entreabiertos,
tu boca es un beso
o un gran secreto.

Bailo al compás
de los latidos de tu corazón,
resuena en mis oídos
una linda canción de amor.

Y floto entre nubes de algodón
al sentir tus dedos
oprimirme con pasión.

Fue nuestro único momento,
un momento solo para los dos,
una noche bella como no hay dos.

Nido vacío

En un viaje sin escala
dos pajaritos partieron
a conocer el mundo,
a volar sin rumbo,
no pensaron en su regreso.

Pasaron los días, pasaron,
la pájara, desesperada,
cansada estaba de esperar
ver a sus pichones regresar.

Se enfermó un buen día
de nostalgia, dolor y frío esperando que volvieran
los pichones a su nido.

Extenuada, sin fuerzas,
emitió un fuerte quejido,
retumbaron los árboles
y se desbordaron los ríos.

Se resquebrajó una montaña
al ruido de su quejido.

Tarde

Al otro lado del mundo
se oyó un fuerte estampido,
y los pichones supieron
que debían volver al nido.

Apresuraron su vuelo,
batieron sus alas al ritmo
del viento envejecido.

Se acercaban al árbol
donde habían nacido,
esperando encontrar
a la madre que los había parido.

Volaron despacio, despacito,
sin hacer ruido,
qué sorpresa se llevaron
al ver el nido vacío.

La pájara cansada
de la soledad y el vacío
que dejaron sus pichones,
por ir al otro lado del río,
murió triste, sola,
murió sin ver a sus hijos.

No me tientes niño,
al hablarme así no sabes
cuánto añoro suspirar y soñar por ti.

No tientes las ganas que tengo de enloquecer
al calor de un joven ardiente y suave como tú.

Si supieras cuánto tiempo duermo sola,
sin calor, en un lecho solitario, frío, mudo, sin amor.

No quieras despertar en mi recuerdos de noches de amor,
he dormido pegada a un sueño sin forma, sin color.

Un sueño peligroso donde tú eres señor,
yo, ama de tus besos, dueña de tu amor y tu candor.

Solos los dos, solos entre tanta gente,
tú hablabas apresuradamente y yo te escuchaba con deleite.

Más el cuento terminó,
la magia se rompió,
era hora de partir,
de decirnos: "hasta siempre".

Y olvidar tus tibios labios,
el sabor de tu beso,
el calor de tu cuerpo.
Todo fue un cuento

No he vuelto a verte,
no quiero pensar que te has marchado,
sé que volverás a rozarme con tus manos
y volveré a ofrecerte mis labios sedientos.

Evité el contestarte,
te miré triste y abatido,
fueron amores falsos
y falsos los suspiros
de un corazón enardecido por la carne,
por el vino.

Hubo fuego, hubo llamas,
pero de adentro no salió nada.

Todo fue superficial, la amistad,
el amor y la calma.

Hoy ya todo ha pasado,
no hay rencores ni tampoco rabia,
solo quedó el recuerdo de un amor superficial
que no fue correspondido.

Mis dos tesoros

Era una noche soleada,
el cielo, desde su altura,
suspiró de un modo extraño
al verme tan orgullosa observando a mi Rebaño
tan ansiosos de encontrarnos el uno al otro.
Hubo estrellas y luceros,
sonaron relámpagos y truenos,
todo se estremecía, el humo descendía,
caminaban pirañas por el techo.

El viento se volvió multicolor,
la tierra y las flores se estremecieron,
hubo un ligero temblor
y tú te preguntarás:
"¿Por qué tanta algarabía? ¿Por qué todo esto sucedía?".

¿Por qué el Sol se ha puesto negro
y la Luna, con recelo, lo vigila?
¿Por qué el arcoíris perdió sus colores
y en el cielo hay un reproche?

Algo bello ha sucedido
para que la naturaleza ande toda transformada.

Los mares se han escapado
y hasta las playas han llegado olas con vuelos de espumas,
estrellas, caracolas y algas.

Los ríos se han vestido, los ríos se han vertido
sobre las olas del mar, hay música,
licor y amigos. Toda esta conmoción es en honor a mis hijos.

Quiero morderte los labios,
rasgarte la piel
pedazo a pedazo, llenarme de ti,
que sientas en carne viva
que no soy una niña, soy mucha mujer.

Tú tan macho, tan bravo,
tan no sé qué,
te has deshecho en mis brazos
al contacto de mi madurez.

Y he puesto en tus labios
sabor a miel,
y mis manos recorren
cada poro de tu desnudez.

Te beso lentamente,
sin prisa, de la cabeza a los pies,
mis sabios dedos te
dibujan cada espacio de tu piel.

Y tú te estremeces, suspiras
y gimes ante tanta pasión,
pensastes que era muy fría
que no despertaría tus bríos.

Y es que no te imaginabas,
detrás de esa voz de niña,
una mujer como yo.

Desnudo, tan macho, tan viril,
déjame que te ame,
te vas a morir
de pasión y deseo,
me vas a detener.

Sí, eres muy macho,
pero soy mucha mujer.

Cual pétalo desnudo, despojado
de color,
crece al amparo de la corolla,
par a par con el tallo,
pero llega a ser flor.

De la raíz hacia arriba
la sabia llega a su esplendor,
hojas llenas de clorofila
y el polen resplandeciente como un sol.

Las hojas le sirven de pulmones,
poros diminutos alimentan su ilusión
y un sistema digestivo
ancla la raíz para que el tallo
sostenga la flor.

Son multicolores, adornan
cada rincón
y su aroma delicado
enternece el alma de los que
creemos en el amor.

Saludan al recién nacido,
despiden al que este mundo abandonó,
adornan las manos de una novia
enternecida,
los campos, las viñas, los cabellos,
las flores son el obsequio mejor.

He soñado con tu voz,
aunque no te escuchaba,
percibía tu varonil olor
aún sin estar cercana.

Bailando entre tus brazos surgió,
de nuevo, un mundo de ilusiones,
de sentimientos escondidos,
sintiendo el calor de tu rostro junto al mío,
adiviné la ternura de tus labios
al rozarse con los míos.

La tibieza de tus manos,
ese querer y no querer
que se arropa en los sentidos,
parecías un niño grande,
un niño enternecido.

Me gustó tu hablar sereno,
tu danzar casi sin pisar,
me gustó el calor de tu pecho
mientras me sostenías
con reverencia, rayando en el respeto.

Presentí esa noche,
entre el licor, la lluvia y el viento,
que sentirse mujer no es nada
si no se siente bajo tu mirada.

Esquivo, ajeno y temeroso
quieres acercarte, pero sientes miedo,
un miedo insólito
al olvidar lo viejo para empezar de nuevo.

Estás atado a la rutina de saber
que ella te espera
al doblar de cada esquina.

Y tienes miedo de desplegar las alas del corazón,
miedo a emprender un nuevo vuelo,
sin rumbo, sin razón.

Volar, por volar,
a donde te lleve el viento,
donde no haya nadie
que te quite el sueño
o te llame mío sin ser tu dueño.

Ha llovido, llovido sin cesar,
los goterones golpearon el cristal
de mis ventanas,
haciéndome revolver en una cama
desordenada
llena de olor a piel.

Una piel envejeciente,
cansada de caricias
tan suaves como la almohada,
vacía como todo mi ser.

Arrucucada en la cama
sentía el aguacero caer,
pensando en mañana,
en hoy y en ayer.

El ruido cesó, dejó de llover,
me estiré en la cama igual
que una gata al nacer.
Recordé, al cesar la lluvia,
hoy; mañana, pero no me acordé de ayer.

¿Qué sentí al escuchar tu nombre?
Un torrente de bellos recuerdos
que, al pasar de los años, no he
logrado olvidar.

De caricias y besos,
de cuerpos ardientes, manos
que tientan las hojas secas
crujiendo en un matorral.

Un torrente de amor y ternura
cuando me quedaba dormida
en tu almohada, mientras tú,
hasta tarde en la noche, dibujabas tus planos de ayer.

Recuerdos, recuerdos queridos
de un amor que, ni el tiempo
ni el frío han logrado vencer.

Al escuchar tu nombre sentí
correr por mis venas
el sabor de tus labios, tu
cabello encrespado, tus ansias
de fundirnos en un solo ser.

Y yo me entregaba rendida,
perdida en tus brazos,
feliz, enamorada de tanto placer.

Hoy, al escuchar tu nombre, sentí
que soñaba, soñaba
sin querer despertar.

¿Por qué ríes, viejecita,
al leerte mis poesías?
Tú, un ser tan sensible,
no paras de reírte.

Te mostré el alma al desnudo,
vistes dos caras,
una fuerte, curtida por el Sol,
la otra, la escondida,
que oculto con temor
por evitar risas y mofas
de seres tan ignorantes,
insensibles al arte.

El rostro musculoso,
temeroso a ser herido,
si alguien ve en sus poros
un resquebro o un suspiro.

Sí, son dos, madre querida,
tú las conoces bien,
a ti sola he mostrado
los dos lados de mi alma.

Porque sabes comprender
lo que siente mi corazón
cuando está lleno de alegría
o me embarga algún dolor.

Las vi caer, una tras otra,
de múltiples colores,
de distintas formas,
unas aún frescas, casi recién nacidas,
desprendiéndose del tallo,
al suelo cayendo.

Otras más viejas, de colores
ya desvanecidos,
luchaban por aferrarse aunque fuese de un hilo,
más, el tiempo implacable
que no perdona ni al más fino,
las empujaba con fuerza, lo hacía con bríos,
las echaba al vacío.

Así fueron cayendo, una a una, todo el día,
hasta formar un nido,
un nido de arcoíris.

Yo las recogí, y también fui despiadada,
tomaba las más frescas, las más tiernas
y desechaba las roídas, roídas por el tiempo,
la distancia, los caminos,
roídas por el ruido del jugar de los niños,
las levanté con cuidado por temor a hacerles más daño.

Más, dejé las más viejas, las feas, las descoloridas,
como el tiempo que no perdona
ni al anciano ni al más niño.

El árbol se despoja de sus hijos
para que no los mate el frío.

Inexorable como el tiempo,
borrascosa como la tempestad,
así he crecido a la sombra
de la burla y la maldad.

Hoy he reflexionado, mirando
a cada cual, de los ojos hacia atrás,
midiendo sus palabras por su peso
y no por su sonar.

Ya no soy la que era,
llena de candidez y bondad,
hoy soy la mujer esa,
la que todos moldearon,
la que sabe decir no
o ante una mentira sonreír y olvidar.

Hoy camino con la frente erguida
al lado de dos luceros
que son mi única verdad.

Al lado de mi madre, pura,
llena de virginidad,
mi estrella y mis luceros, para ellos
nunca nada cambiará.

Y soy esa que desean,
la que se niega a amar,
esa que ya no dice verdad,

la que todos querían,
independiente, soberbia,
llena de maldad.

Me siento en paz conmigo misma,
no siento rencor ni culpabilidad,
he vivido como he querido,
y ahora vivo como quieren los demás.

Hoy digo un no rotundo,
sin pensar ni titubear.
No, a lo que no quiero,
no, a aquello que no deseo,
no, oiganlo todos,
ya aprendí a decir no.

Es mi afrenta, soy Violeta,
llena de valor y tesón
para continuar.
Soy un suspiro en la mirada,
un quejido con voz ahogada,
eso soy yo.

Una brisa en la mañana,
un gusano en una manzana,
una nube incontrolable
que, a fuerza de no querer,
termina siendo un dibujo en un papel.

La sonrisa triste de un niño
al ver que el viento su globo le llevó,

la ternura entrecortada
de una anciana aquejumbrada
ante el hijo que partió.

El tormentoso torbellino
que lleva una madre en el ombligo
al saber que su hijo es un perdido,
la caricia de unos ojos
ya opacos y marchitos
que no saben ya llorar.

Eso, y mucho más,
son las cosas que siento
al verme en el papel
de ser madre soltera,
presa de los recuerdos,
atada por los temores
de criar a dos menores
que no sé cómo serán.

Eso, y mucho más,
es la pluma que resbala
cuando afloran las palabras
y las dejo en libertad.

Eso siento, eso y mucho más,
al verme atrapada en un mar
de dudas,
cada invierno es una arruga
que se disipa al ver otro año pasar.

Me gusta

Como me gusta despertar a tu lado,
pegarme a tu cuerpo, sentir tu calor.

Me gusta tanto darte un abrazo,
morderte los labios,
decirte cuanto te amo, mi amor.

Me gusta caminar a tu lado
y, asida de tu mano,
recorrer las calles, los parques
los prados, lucir nuestro amor.

Me gusta, como me gusta
mirarme en tus ojos,
tomarnos las manos
mientras entonamos nuestra canción.

Me gusta mucho
caminar a la par de la Luna,
y en noche estrellada
contar las estrellas, una a una,
o de dos en dos.

¡Ay! Como me gusta,
al llegar la noche, antes de
dormirnos, hacer el amor.

Me gusta estar contigo
todos los días marcados
en el calendario de mi corazón.

Otoño

El viento está soplando,
las hojas caen, crujen,
gimen al caer, son
multicolores.

Después de un intenso calor,
al fin llegó el otoño.
(Julio del 2017 fue el más
caluroso que tienen en récord).

Habrá días fríos con neblina,
a veces lluviosos,
y otros con un Sol de mucho esplendor.

Las ardillas recogen bellotas,
los árboles se están desnudando
sin ningún pudor.

Los osos, y otros tantos animales,
se abastecen de alimentos
para la hibernación, para la
llegada del invierno.

Ya los días oscurecen más temprano,
yo disfruto mucho esta época del año.

Al verte

Hoy te vi pasar, qué ironías
tiene la vida,
ayer yo lloraba por ti
y tú te reías.

Con el pasar de los años,
al fin, te olvidé,
aprendí de nuevo a sonreír,
a quererme a mi misma,
aprendí a volver a ser yo.

Aprendí que la vida no tiene tu nombre,
no se llama como tú,
aprendí que las lágrimas no se
deben asomar,
ni deben resbalar por las mejillas
por alguien que tu amor no supo valorar.

Hoy, cuando te vi,
qué pena sentí,
sentí pena de ti,
por haber perdido un amor así.

Sentí pena de mí
por haberte entregado
un amor incondicional.

Nostalgia

Yo ya no tengo palabras
para expresar lo que siento,
es un sentimiento tan grande
que no me cabe en el pecho.

De niña soñaba con el amor,
el amor que dura para siempre,
el amor profundo y ardiente,
ese con que todos sueñan,
pero que no todos comprenden.

El amor que no conoce de fronteras,
a quien no le importa el tiempo,
el que espera en silencio
a que se calmen los vientos
por temor a ser descubierto.

Hablo del amor, amor
ese que, a pesar de los años,
aún siento aquí, muy dentro de mi pecho,
ese que, al contrario de las cenizas,
no se ha llevado el viento.

Cupido

Si alguna vez has sentido
que alguien te observa
sin atreverse a pestañear.

Si su aliento te llega
hasta el cuello
y casi no puedes respirar.

Si te tiemblan las manos
y el sudor las empieza a mojar,
es que estás frente al amor de tu vida
y la emoción y los nervios
no puedes controlar.

Si sientes que, de pronto, quieres volar,
que las piernas se te aflojan
y no puedes caminar,
es que está cerca el amor,
no lo dejes escapar.

Es el hombre que esparabas,
el amor con que soñabas,
el hombre que amarás toda la vida,
el hombre que nunca podrás olvidar.

El que nunca ha sentido
que es un sueño
del que nunca se quisiera despertar,
pasará por la vida sin saber
lo bello que es amar.

En vano

En vano traté de alejar tu recuerdo
de mi mente y de mi corazón,
en vano fui contando los años
que pasaron lentamente,
igual que un viejo tren
parando en cada estación
recogiendo pasajeros del andén
para emprender su marcha una y otra vez.

En vano fui ocultando, en mi pecho,
aquel amor de antaño
que dejó un sabor amargo,
sabor a hiel
en mis labios, en mi piel.

Seguí tratando, en vano,
con otros amores,
en los brazos de otros hombres,
pero todo fue inútil,
seguí anhelando sus brazos,
su cuerpo, su pelo, todo su ser.

Todo fue en vano,
nunca logré sacarlo de mi ser.
Hoy le sigo recordando,
le sigo anhelando
igual que ayer.

Imposible

Sonreí con ternura
ocultando mi verdad,
he sabido que no puede ser
este amor inaudito
que no entiende de porqués.

Mi sonrisa amargada,
acompañada de poco placer,
era una sonrisa irónica,
me reía de mí, me reía de él.

Hoy, al caer la noche,
ya calmada, comprendí
que no hay respuestas a muchas preguntas,
a tantos porqués.

Solo sé que estoy triste,
desmoronada, emocionalmente
derrumbada, sin comprender.

Yoel

En mis noches de insomnio,
con mis ojos muy abiertos,
tratando de dormir,
mirando hacia el techo,
recuerdo tu carita angelical
cuando eras pequeño.

Recuerdo las veces que jugamos juntos
o cuando nos reíamos
de cualquier tontería,
cuando, ya un adolescente,
componías tus canciones, las
cantabas y me pedías mi opinión.

Cuando las noches son largas
miro al techo, porque no puedo dormir
pensando en mil cosas vividas,
en tristezas, en alegrías,
en canciones bonitas.
en tus amigos de la infancia,
recordando tu risa, tu llanto infantil,
de pronto me lleno de espanto,
recuerdo los años que hace
que no estás aquí.

Te llevo prendado en mi pecho,
en noches, en las noches de insomnio,
en días lluviosos, en días soleados,
te llevo guardado, pequeño, muy dentro,
porque nunca, en mi corazón, dejaste de serlo.

Y para mí siempre estarás,
aunque sigan pasando los años,
no importa cuántos,
hasta que volvamos a encontrarnos.

Sueños

Si has soñado con alguien
a quien ya creías olvidado,
es que todavía le amas en la distancia
y en el tiempo,
aún amas recordarlo
aunque solo sea en sueños.

Si despiertas enternecida
en la penumbra de la noche,
para descubrir, entristecida,
que tocas nada, tocas la noche,
es que le amas desesperadamente
como entonces.

Gardel no se equivocó al cantar,
en uno de sus tangos,
"que veinte años no es nada",
porque al evocar sus besos, su mirada,
tiendo a apretar la almohada.

Porque le quise tanto,
nunca nadie sabrá cuánto,
que al soñar con él
esbozo una sonrisa,
se me escapa un suspiro.

El primer beso

Ayer cuando me besastes
por primera vez
el tiempo se detuvo,
supe, en ese mágico instante,
que hasta entonces solo había existido.

Al rozar tus labios con los míos
todo adquirió sentido,
todo adquirió color,
todo se transformó dentro de mí
y a mi alrededor,
fue entonces cuando empecé a vivir.

Cerré mis ojos al verte junto a mí
para disfrutar la magia del momento,
para saborear de tus labios la miel.

Con mis ojos cerrados,
muy pegada a tu pecho,
primero sentí el calor de tus manos
sobre mí,
luego el roce de tu cabello,
todo se confabuló,
solo tú y yo
habitábamos este planeta.

Me besastes dulcemente, sin prisa,
nadie nos esperaba,
me besastes apasionadamente,
el tiempo detenido,
inmóviles las manecillas del reloj.
La Luna, celosa, dejó de alumbrar
y le hizo un guiño al Sol.

Nadie, con un solo beso,
con un beso tuyo,
fue tan feliz como yo,
porque tu beso fue mi primer beso de amor.

La vida

La vida es un abrir y cerrar de ojos,
es un suspiro contenido
es tanta su belleza, que no
todas las palabras la pueden describir.

La vida es tan hermosa,
obsérvala en los pétalos de las rosas,
en el aroma de un pan recién horneado,
en la limosna que agradece un desamparado,
en las crías de animales
que nacerán ahora en la primavera
y correrán por montañas y praderas.

Su belleza radica, no solamente
en mirar una puesta de Sol,
es la riqueza de tener familia
y amigos que te dan amor.

Son los recuerdos de mis seres
queridos que habitan en otra
dimensión. La hermosura de la vida
radica en haber traído al mundo
a mis niños, por quienes siento tanto amor.

Una mano tendida

He recorrido tantos caminos,
a veces, motorizada,
la mayoría de las veces a pie,
unos en blanco y negro,
otros a todo color.

Y siempre, al final de cada camino,
a veces, cotidianamente recorrido,
conocí a alguien especial o encontré
una mano amiga; o tropecé con algún desconocido.

Nunca ha importado hacía
dónde vas, ni de dónde has venido
para que algún desconocido te
haya brindado abrigo y cariño,
porque hay bondad dentro de
tantos corazones, rebozan
ansiando compartirla.

Detente, hay alguien que sigue
tus pasos, alguien que quiere
ser tu amigo y el camino se
hace más corto y el asfalto no
se siente tan duro cuando lo pisan
muchos pies, lo mismo abrigados que descalzos.

Pregnancy

La maravilla más grande
el ser humano,
el cerebro,
la maquinaría más perfecta
sincronizada con el tiempo
y la naturaleza,
la maternidad;
lo más bello del universo.

Mi vientre fue
tu primera cuna,
tu primer abrigo,
fuiste tomando forma,
transformándote como una
oruga.

Pasaste de
embrión a persona,
tallada en mi memoria
como una escultura
esculpida por la naturaleza.

Mi cuerpo tomó
otro aspecto, mi
vientre, según
crecías, se iba
expandiendo.

Mi cuerpo, bendito
haber nacido mujer,
produjo tu primer
alimento. Mis senos crecieron,
se hicieron perfectos
para que tú mamaras de ellos,
para amamantar
tu mente y tu cuerpo.

¡Qué maravilla! No
puede haber algo
más maravilloso que un cuerpo
creciendo dentro
de otro cuerpo.

Te di la vida y
no me arrepiento,
te daría la mía si
llegara el momento.

Amistad

La mayor riqueza
es una sincera amistad, un amigo es ese
alguien que comparte
tus alegrías y tus tristezas,
alguien que te escucha
y, a veces, te acompaña a llorar.

El amigo conoce tus
fuerzas y tus debilidades,
te aconseja, te reprocha,
te exige y te dice, cara a cara,
unas cuantas verdades,
aunque no las quieras escuchar.

Se enfoca en tus virtudes,
te llama, te busca,
te mima con postales,
con detalles; te hace regalos,
no importa si caros o baratos.

El amigo sabe tu edad,
tu fecha de nacimiento
y respeta tu silencio
cuando sabe que te acongoja
algún pensamiento,
cuando no quieres hablar.

No hay dinero que pueda
remplazar la verdadera
amistad.

El amigo te da su vida
si la fueras a necesitar.

Abril/April 5th, 2020
Año del Coronavirus
Más de 8,000 muertos en NY State
Casi 3,000 en NY City, donde vivimos.

Hoy, a esta hora 3:27 p.m., no he hecho nada, solamente hablar con tía Morbila e hija de Mario Marín (mi querido tío, quien murió en el 2008) y de Domitila Rodríguez (hija de Rafael Rodríguez, el primer trovador de Santo-Espíritus, nuestro pueblo de origen por parte de padre). Mi mamá era de Cruces, también en Las Villas. No cogí el teléfono. La llamé unos minutos después y ella no respondió.

Llamé a Luisito, mi hermano. Es siempre muy grato hablar con él. Vi un programa sobre la celebración de *Easter* (La Pascua Florida), la resurrección de Jesucristo, en distintos países de Europa. Antes había visto el programa de cocina que presenta un argentino quien cocina a la intemperie. Asó un chivito de 5 kg con leña lenta. Asó vegetales en una parrilla e hizo garbanzos, con cous cous (no sé lo que es este último alimento). Y eso es todo. No he accomplished anything y I don't feel like doing much either. I believe that I'm feeling down.

Incertidumbre Year 2020

Hoy no sé si he vivido
o solo he existido,
lo único cierto en mi, hoy
nublado, pensamiento
es que los he querido
más allá del tiempo.

En un mar de dudas
me debato.
Son días muy inciertos,
no sé si llegará mañana
o si mi hoy será arrasado
por el viento.

En la penumbra que nubla
mi mente
vislumbro días hermosos,
niños preciosos, mis dos
niños pequeños, y besos
ardientes que siento en sueños.

No sé que traerá mañana,
si es que hay un mañana
con un Sol radiante como
el de hoy entrando por
mi ventana.

Si el destino me depara
un mañana como hoy, valió la pena mi existencia
por haberlos parido a los dos.

Reflexiones

Nadie sabe a dónde me dirijo
si voy, como un ente perdido, entre
la gente ensimismada, entre mis
llantos y mis risas, entre mis
lágrimas que son manantiales
de amor puro desbordado, y mis
risas, mis carcajadas que son solo
una fachada.

Soy

Una partícula en el viento
que vigila, sigilosamente, el sueño
del hombre que aún es niño, porque
algo le faltó en su infancia y en
su adolescencia.

Soy

Una partícula
a merced del viento, velando cómo
se mueve el universo que va
lentamente, con pasos agigantados,
hacia su destrucción, de oriente a
occidente, del oeste al este; del
este al oeste.

Soy

Como las frutas que crecen
en las plantas del desierto,
o las flores que brotan en la

arena, mi corazón se abona
con el recuerdo de mis muertos,
mis latidos son yertos.

Voy de aquí para allá, de allá para acá
contando cómo se desplaza el tiempo
en segundos, minutos, horas, días,
años, siglos y milenios.

El tiempo nunca se ha detenido a preguntar
lo que pienso, a saber lo que siento. El tiempo ha pasado lentamente
y ha dejado sus huellas impresas en mis venas y en mi cabello, que
hoy es plateado y ayer fue negro.

El tiempo ha pasado sin tocar a mi puerta, dando
silbidos agudos cuando el viento ha
sido fuerte, desmemorizando mi
mente y mermando mi cuerpo. El
tiempo, por tiempos, ha sido generoso
y amable, y otras veces implacable.

Aquí estoy pensando, como siempre,
esperando, como partícula que soy,
a que me sople el viento. ¿En qué
dirección? No sé, él me soplará a su
merced a dondequiera que se dirija
el Universo.

Soñar y soñar

Soy soñadora, me gusta soñar,
escuchar el canto de algún ruiseñor,
sentir el viento golpeando mi cara,
sentirlo en mi cabellera cuando
me quiere despeinar.

Sueño con el ruido de las olas
al chocar con los castillos
de arena que hacen los niños al jugar.

Disfruto ver el Sol brillar
o una puesta de Sol,
sueño con luceros y cometas,
y sueño con enanitos verdes
que puedan habitar en otros planetas.

Y al llegar la noche
quisiera, como cuando era niña,
correr a la par de la Luna,
porque sueño que, tal vez, un día
la podré alcanzar.

Sueño con todo lo que se puede soñar.

Con todo lo que la vida
me suele brindar,
la familia, "base de la sociedad",
los amigos y cada día un
nuevo despertar.

Cuando sueño mis sueños de antaño,
sobre miles de cosas que no quiero olvidar,
o tantas otras que no quiero recordar,
quisiera nunca tener que despertar.

Soñar no cuesta nada.

Late que late

Al ritmo de los latidos
de mi compañero inseparable,
mi corazón,
se abre el cajón de los
recuerdos y revivo mis recuerdos escondidos.

Recuerdos de mi infancia,
de familiares,
de entrañables amigos,
recuerdos de mi primera ilusión.

Al ritmo de su latir
dejo volar la imaginación,
qué feliz he sido
con todo lo que he vivido
y he descubierto a lo largo
del camino.

Descubrí que el amor es relativo,
lo que perdura
es la lealtad y el cariño
de un buen amigo.

Como late sin cesar,
los recuerdos sean
bonitos o feos, siempre
han de estar.

Mi corazón, mi amigo,
mi compañero en cada
jornada del camino,
en cada capricho del destino,
cuando todos fallen,
cuando todos olviden,
tú no me dejes nunca,
sigue conmigo.

Al fin que hemos estado
juntos desde que he nacido.

Madre

Bendita que me acunastes en tu vientre
y allí, en tus entrañas, me
traspasaste tu intelecto,
tu color, tu calor y todo el
amor que no solo me brindaste
los nueve meses de tu gestación,
sino que me dura hasta hoy.

Me embriagué de tu esencia
y hasta de tu belleza, diría yo,
culminé mi estancia temporaria
en un éxtasis de intelectualidad.

En ese breve alojamiento
cultivaste mi alma y mi cuerpo,
me señalastes el camino a seguir.

Abandoné mi lecho de amor
en tu vientre y me enfrenté
a la vida, bella y cruel y,
a brazo partido, luché
para abrirme camino con
uñas y dientes hasta vencer.

Mamá, a ti debo lo que fui
y lo que soy.

¿A quién culpar?

¿A quién culpar por las distintas
etapas emocionales que atravesamos
durante nuestra vida? El amor y
el dolor, la risa y el llanto, la alegría
y la tristeza, los colores y el blanco
y negro, las muecas, los suspiros,
los ceños fruncidos, las patas de
gallos, los arañazos y las heridas,
el sexo y la maternidad, ese sentir
que algo hermoso crece y toma forma
dentro de tu vientre, que te hace
sentir la reina del universo, que solo
piensas en su bienestar y luego,
cuando ya lo tienes en tus brazos,
hueles su piel sedosa, lo acunas
contra tu pecho, lo revisas para
ver que no le falte nada y,
entonces lo amamantas. A través
de tus senos, de tu leche que
fluye por los pezones, le
transmites tu amor incondicional
que durará toda la vida y tu hijo
sabrá, mientras mama, que no hay
nada ni nadie en este mundo que
lo ame como su mamá.
Y ya no hay a quién culpar por nada,
todo pasó porque tenía que pasar
para llegar al final: el alumbramiento,
el nacimiento de un ser humano.

Todos mis días son "Día de las madres" Bendecida

Hace treinta y ocho años, la vida, o
Dios, me hizo el mejor y más hermoso
regalo que una mujer puede recibir: tuve
a mi primer hijo, un bebé sano y hermoso
que le dio un nuevo sentido a mi vida.
Cinco años después recibí otro hermoso
regalo, uno que no se puede comprar ni
envolver: tuve otro niño sano y hermoso.
Nadie, nunca más, podría regalarme dos
hijos tan adorables, tan valiosos. Los
adoraba. Nunca pensé que, al nacer,
pudiesen presentar algún problema de
salud. Mis niños eran perfectos, tal como
lo había soñado. Mi primer regalo de
"Las madres" me hizo muy Feliz
hasta que tuvo veinticinco años y lo
vi ascender al paraíso como un ángel.
Mi otro regalo está aquí conmigo y, a
veces, tenemos pequeñas y grandes
discusiones, pero el amor está ahí,
nunca cambiaría mi regalo por ningún
otro. Es mi *"caregiver"*, me da amor y
cuidados, me fastidia, me hace reír
y, a veces, dice cosas inapropiadas, pero
está aquí en mis años dorados y doy
gracias por haber tenido, y por tener,
regalos que llenaron y llenan mi
vida de alegría, de orgullo, mi razón
de vivir, mis hijos.

Imaginar

Para escribir solo se
necesita un lápiz y
una hoja de papel.

Hay que esperar por un
momento de inspiración
para que afloren las
palabras, entonces, se
plasma lo que hay,
celosamente, guardado
en el corazón.

Se escribe de todo un
poco, de la familia y
los amigos, de los amores
no correspondidos y sobre
todo del primer amor.

Se inspira uno en las
estrellas, los luceros,
los ríos con grandes
caudales, las playas, las
montañas o en una puesta
de Sol.

Para escribir solo hay
que evocar cosas
bellas y dar rienda suelta
a la imaginación.

De qué color

Cuando lloro, no lloro por llorar
las lágrimas, que no son todas incoloras,
cuando asoman es porque quieren brotar.

Lloro lágrimas color olivo
por las pupilas de Yoel, mi primer hijo,
lágrimas color café por Erik,
mi segundo bebé.

Lloro lágrimas azulitas, arrugaditas,
por los ojitos de mi madrecita.

Lloro lágrimas de risa,
lloro de alegría al ver
lo hermosa que es la vida
y todos los años que he tenido
para vivirla.

Lloro lágrimas verdes
por la esperanza del mundo,
que no se pierda,
lloro lágrimas blancas
por la partida eterna de mi hermana.

Cuando lloro,
lágrimas multicolores
resbalan por mis mejillas,
las negras, el color de la fealdad,
por mi padre que ya no está.

Las amarillas por mi hermano,
las moradas por mi cuñado,
las anaranjadas por los tíos
y primos que quedaron
en mi tierra natal.

Las rojas encendidas
son por la pasión
y el amor que tengo en mi corazón.

Todas mis lágrimas tienen color,
mis lágrimas nunca han sido
lágrimas de cocodrilo,
transparentes y sin brillo.

Si hablaran

Si mis lágrimas hablaran
cuántas cosas contarían,
hablarían de flores y
amores, de total olvido.

Del amor de un extranjero,
del primer beso, el beso
de un militar que
escondía detrás de su
uniforme verde olivo
tanta virilidad.

Hablarían de los tiempos
del Castillo del Vedado,
de Pola, de Elena Iznaga,
de los Iznaga de Trinidad,
de Hugo Aldaya, de Carmen Bernal,
hablarían de Raquel Ruiz y de toda su
bondad.

Mis lágrimas contarían
la nostalgia que he
sentido, viviendo en el
exilio, en Estados
Unidos, lejos de mi
tierra natal.
Hablarían de mis dos hijos,
de todo lo que he amado
y de lo mucho que he
sufrido.

Pero las lágrimas no
hablan, son mudas,
ellas solo asoman
para ver el panorama,
y despúes resbalan
por las mejillas.

Por suerte no han de
enterarse de todo lo
que les contarían
si pudieran hablar.

Incondicional

¿Tú conoces a alguien que te
escuche cuando necesites hablar
de algo que a cualquiera no le
puedes contar?

¿Sabes de alguien que tenga
contigo "percepción extrasensorial"
y, a veces, cuando suena el
timbre del teléfono es en el
preciso momento en que tú
la ibas a llamar?

Mis amigas me llaman siempre,
y cuando nos vemos
disfrutamos hablando, saliendo,
discutiendo y, siempre, recordando
que nuestra amistad es mágica.

Es simplemente que nos
queremos como hermanas.

Volver atrás, jamás

COVID-19
Mayo 2, 2020
Sábado

Nunca vuelvas a mirar atrás,
lo pasado ya pasó, el futuro
está aún lejano,
lo que importa hoy es hoy.

Un mirar sin reproches,
un despertar sin temores
porque ya todo acabó.

Cuando quieras que te cuente
en mil años, ni uno más,
te hablaré de mi encierro, de
mis miedos, de mis pleitos y de
mi ansiedad.

Hoy por hoy amanecimos
otro día es un alívio,
qué grandioso es estar vivo,
poder respirar y amar.

Nunca, nunca más cuando mire
lo haré hacia atrás,
miraré siempre adelante,
no daré ni un paso atrás.

Me deleitaré con el canto
de las aves al amanecer,
con el aroma de las flores,
con lo que me gusta hacer;
escribir y leer, y decirle a mi
hijo: "gracias por ser tú, gracias
por mi vida embellecer".

Analizando

El llanto es una risa disimulada,
el suspiro es un gemido musical,
la cacarjada es una explosión de
emociones,
una amalgama que funde
el sufrimiento con la diversión.

Los que son llorones,
lloran por cualquier cosa,
los que ríen estruendosamente,
a veces lo hacen por no llorar.

La carcajada es una válvula
que deja el dolor escapar,
las lágrimas, con su sabor a sal,
humedecen los ojos, los hacen brillar,
y aquel que las observa piensa:
"pobres, cualquier cosa que les
provoquen brotar no las ha de
endulzar; seguirán con su sabor a sal".

El llanto es una risa silenciosa,
la risa es un llanto sonoro,
un ruido estrepitoso que sale del
corazón.

No soy tu esclava, ni tú eres
mi dueño,
no me preguntes de dónde vengo
ni a dónde voy.

Nací sola, con alas al viento,
con sueños y metas
que quiero cumplir.

Quien haya dicho que el amor
tiene paredes, tiene fronteras,
se equivocó. El que te ame
no quiere decir que te tema,
que te pida permiso si me quiero
mover.

No estoy supeditada a nadie
y no me gusta que me cuestionen,
no soy objeto de nadie,
no soy propiedad comprada
en una subasta a un mercader.

Soy libre como las aves,
emprendo mi vuelo, descanso
en la rama de un árbol, me
quedo dormida, y cuando despierto
emprendo mi viaje, sin rumbo,
y vuelo muy lejos con mi
imaginación.

Que nadie pregunte,
que nadie me ate, pues, sola nací y
sola me he de morir.

Mi marino extranjero

Te sueño, noche a noche,
sola en mi alcoba
o en los brazos de otro hombre.

Te he soñado tantas noches,
no sé si todavía te amo
y, a veces, ni me acuerdo
de tu nombre.

Partistes una mañana de otoño,
desde la azotea de mi edificio
vi tu barca zarpar,
te despedí en silencio,
no sabía si irías a regresar.

Y hoy, después
del terremoto,
no sé si aún estás
o ya no estás.